SONJA SCHIFF • URSULA SPANNBERGER

+++ BABYBOOMER AUFGEPASST! +++ BABYBOOMER AUFGEPASST! +++ BABYBOOMER AUFGEPASST! +++ BABYBOOMER AUFGEPASST! +++

Jetzt
DAS WOHNEN FÜR SPÄTER
planen

+++ BABYBOOMER AUFGEPASST! +++ BABYBOOMER AUFGEPASST! +++

Colorama

VORWORT

Landesrätin
Andrea Klambauer

Eine neue, größere Wohnung wird zumeist bezogen, wenn die Familie wächst und der Platzbedarf größer wird. Aber welche Wohnsituation passt zu einer neuen Lebensphase, wenn die Kinder einmal aus dem Haus sind?

Wir Menschen werden zum Glück immer älter und damit umfasst diese Lebensspanne mehrere Jahrzehnte. Wir möchten Sie mit diesem Ratgeber ermutigen, sich Gedanken zu machen, welcher Wohnraum zu Ihnen und Ihrem Leben passt. Gerade in der Pension verbringt man mehr Zeit daheim als in den Jahren davor. Dabei hängen die Wünsche und Bedürfnisse ganz von Ihnen ab. Für manche ist der eigene Garten ein Hobby und Quell der Freude, von anderen wird er als Arbeit und Last empfunden. Eine große Wohnung kann als bereichernd, aber auch als finanzielle Belastung empfunden werden, die noch dazu viel Putzaufwand erfordert. Und dann bringt das Wohnen im Alter noch besondere Herausforderungen mit sich, die etwa einen Lift oder Barrierefreiheit notwendig machen.

Setzen Sie sich mit diesen Fragen auseinander, am besten lange bevor es eine unmittelbare Notwendigkeit dafür gibt. Der vorliegende Leitfaden soll als Erstinformation dienen. Er ist ein ideales Werkzeug für Menschen an der Schwelle zum Älterwerden, um die eigene Situation zu reflektieren und damit Veränderungen in Gang zu bringen.

AUTORINNEN

Sonja Schiff

Alternswissenschaftlerin,
Coach für Alternsfragen,
Altenpflegeexpertin

Seit rund 30 Jahren beschäftige ich mich mit den Herausforderungen des Älterwerdens. Viele Jahre war ich in der ambulanten Pflege tätig und dabei häufig mit Wohnsituationen konfrontiert, die dem selbstbestimmten Leben der hochbetagten Menschen, vor allem bei Betreuungsbedürftigkeit, im Wege standen.

Ich konnte erkennen, dass ein gutes Leben im Alter nicht von selbst entsteht, sondern proaktiv vorbereitet werden muss. Wer für sich ein gutes Leben im Alter sicherstellen möchte, sollte die Übergänge im Älterwerden rechtzeitig erkennen und bewusst gestalten. Seit vielen Jahren begleite ich Menschen am Übergang in den Ruhestand und habe begonnen, mich mit dem Wohnen im dritten und vierten Lebensalter zu beschäftigen. Fragen, die mir dazu durch den Kopf gingen:

> *Wie wollen wir leben und wohnen, jenseits der 70?*

> *Wie kann das Wohnen ein Leben in Gemeinschaft auch im höheren Alter fördern?*

> *Wann ist der richtige Zeitpunkt, um Vorbereitungen für ein Wohnen im Alter zu starten?*

Mit all diesen Fragen habe ich mich an die Architektin Ursula Spannberger gewandt mit dem Wunsch nach einer Zusammenarbeit.

AUTORINNEN

Ursula Spannberger

Architektin, Mediatorin, Organisationsentwicklerin

Seit 1990 bin ich als Architektin selbstständig, ab 2005 entwickelte ich die Methode der benutzungsorientierten RAUM.WERTanalyse.

Dank meiner Ausbildungen in den Bereichen Mediation und Organisationsentwicklung erkannte ich einen tiefen Graben voller Missverständnissen zwischen den Menschen, die Gebäude planen, und jenen, für die geplant wird. Die Auftraggeber konnten meist nur artikulieren, was ihnen gefällt oder nicht, aber nicht, welche Bedürfnisse sie an Raum hatten. Und die Planer flüchteten sich in Fachchinesisch, da sie ihre künstlerischen Konzepte umsetzen wollten. Architektur ist jedoch auch ein dienender Beruf. Als Voraussetzung für ein gelungenes Bauwerk sehe ich die Erfüllung der funktionellen Wünsche der Nutzenden.

Eines Tages kam ich zu einer ganz persönlichen Erkenntnis:

> *Jünger werde ich nicht mehr! Aber: Dank meiner Erfahrung kann ich Dinge kombinieren, Menschen vernetzen. Heute sehe ich Vieles gelassener, muss niemandem mehr etwas beweisen und könnte mich entspannt zurücklehnen. Aber nicht zum Nichtstun, oh nein! – sondern um mein Wissen mit anderen zu teilen.*

Sonja Schiffs Anfrage, sich dem Thema Wohnen für ältere Menschen zu widmen, kam also zum optimalen Zeitpunkt.

Inhaltsverzeichnis

Vorwort Landesrätin Mag.ª Andrea Klambauer ... 3

Die Autorinnen Sonja Schiff und Ursula Spannberger ... 4

Hintergrund: Jetzt das Wohnen für später planen! ... 7

ÜBER DIE ANWENDUNG DIESES LEITFADENS ... 10

EINLEITUNG UND DIAGNOSE ... 13

Auch die Babyboomer werden älter ... 15

Die Bedeutung von Wohnen ... 29

Analyse der Gegenwart anhand der 9 RAUM.WERTE ... 33

WOHNBIOGRAFIE UND VISION ... 45

Wohnsituationen im bisherigen Leben ... 47

Visionsreise Wohnen ... 53

KONKRETE WÜNSCHE ... 55

Wohnen im Alter anhand der 9 RAUM.WERTE ... 56

Fragebogen: Welche Wohnpersönlichkeit sind Sie? ... 62

SERVICETEIL ... 71

Quellenangaben: Literatur, Weblinks, Studien ... 77

HINTERGRUND

Jetzt das Wohnen für später planen!

Das Wohnen stellt den Rahmen für das Leben dar. Der gebaute Raum kann den Alltag erleichtern, aber auch eine Belastung darstellen. Über alle individuellen Bedürfnisse hinaus ist das Wohnen aber auch ein gesellschaftlich relevantes Thema. Wie kann Wohnraum optimal genutzt oder dem rasant wachsenden Baulandbedarf entgegen gewirkt werden? Wie bekomen wir die Pflegekosten in den Griff?

Seit Jahren schon steigt die Anzahl der Ein-Personen-Haushalte. In vielen dieser Haushalte leben betagte Menschen. Einsamkeit und fehlende Hilfestellung bei Betreuungsbedarf sind häufige Folgen dieses Single-Lebens. Dies ist sowohl eine gesellschaftspolitische Herausforderung als auch ein individuelles Thema für die Alleinstehenden.

Die meisten Menschen möchten so lange wie möglich in den eigenen vier Wänden bleiben. Um diesem Wunsch gerecht zu werden, braucht es oftmals Veränderungen und Adaptierungen, etwa eine entsprechende Ausstattung oder die Beseitigung von Hindernissen, Gefahrenquellen oder Unpraktischem. Heute hochbetagte Menschen haben es oft verabsäumt, den Wohnraum für das Alter rechtzeitig vorzubereiten. Sie lebten – oft unbewusst – nach dem Motto: Einen alten Baum verpflanzt man nicht!

In den nächsten Jahren kommt die Generation der Babyboomer ins Alter. Viele haben sich bei ihren Eltern als hilflos Beobachtende und vergebens helfen Wollende erlebt und möchten es selbst besser machen. Unser Leitfaden soll dieser Generation eine Hilfestellung sein, sich mit dem Thema Wohnen anders zu befassen und die dafür erforderlichen Schritte rechtzeitig zu planen.

HINTERGRUND

Warum mit 60 Jahren überlegen, wie man mit 75 wohnen will?

Selten machen sich Menschen Gedanken darüber, wie sie im Alter leben werden oder gar leben wollen. Ungewissheiten und unangenehme Dinge, mit denen man sich nicht befassen will, zögern diese Vorbereitung hinaus. Wer weiß schon, was in fünf oder zehn Jahren sein wird? Mit welchen Beeinträchtigungen man im Alter wird leben müssen? Wir können zwar nicht in die Zukunft schauen, aber Ihnen dabei helfen, dieser Zukunft vorbereitet, aktiv und gelassen entgegenzublicken. Versäumen Sie nicht, zeitgerecht die nötigen Veränderungen vorzunehmen und entscheidende Schritte umzusetzen.

Dieser Leitfaden enthält auch nützliche Hinweise, welche anderen, vielleicht neuen Wohnformen und Angebote es in Salzburg gibt. Weiterführende Links haben wir für Sie im Serviceteil am Ende des Leitfadens zusammengefasst. Wir wenden uns an Menschen ab etwa 60 Jahren, die proaktiv, noch bevor eine dringende Notwendigkeit gegeben ist, die aktuelle Wohnsituation für das Alter reflektieren, Vorstellungen von einem Wohnen im Alter formulieren und bei Bedarf die aktuelle Wohnsituation verändern wollen:

- Menschen, die sich über diverse Wohnmöglichkeiten im Alter beraten und informieren lassen wollen.
- Menschen ab 60 Jahren, die ihre Wohnung oder ihr Haus altersgerecht oder barrierefrei anpassen möchten.
- Familien, die ihre Wohnung oder ihr Haus intergenerationell nutzen und dahingehend verändern möchten.
- Menschen, die wissen wollen, welche Wohnkonzepte es gibt und welche für sie am geeignetsten sind.

HINTERGRUND

Informieren, bevor es zu stressig wird

Seit 2018 unterstützt das Land Salzburg das Projekt **„neues WOHNEN 70plus"**, um damit dieses modulare Wohnberatungsangebot für Älterwerdende zu erproben. Ziel war es, exemplarisch fünf Wohnberatungen durchzuführen und aus den gesammelten Erkenntnissen den nun vorliegenden Leitfaden zu erstellen. Die Kosten für zwei Beratungen wurden vom Förderpreis des Zukunftslabors des Landes Salzburg abgedeckt.

Im Land Salzburg lebende Menschen ab 60 Jahren konnten sich bis 15. Mai 2018 für das Projekt bewerben. Die Auswahl der Teilnehmerinnen und Teilnehmer wurde aufgrund ihres Alters und ihrer Wohnsituation getroffen, um im Leitfaden mehrere Wohnbeispiele aufzeigen zu können. Wir bedanken uns herzlich bei den Mitwirkenden für den Einblick in ihr Zuhause, in ihre Ängste und Sorgen, ihre Hoffnungen und Wünsche. Uns Beraterinnen wurde großes Vertrauen entgegengebracht. Wir haben in diesem Leitfaden einige Zitate aus diesen Gesprächen anonymisiert zusammengefasst, um auch Ihnen Einsicht in unsere Arbeit und die Gedankenwelt von Menschen zwischen 65 und 70 Jahren zu geben.

Unsere Teilnehmerinnen und Teilnehmer waren:

- Eine Frau in einem Einfamilienhaus in der Stadt Salzburg.
- Ein Paar in einem Einfamilienhaus in einer Landgemeinde.
- Ein Paar in einer Mietwohnung in der Stadt Salzburg.
- Eine Mehrgenerationenfamilie in einem Zweifamilienhaus in der Stadt Salzburg.
- Eine Gruppe von vier Frauen, die gemeinsam in einer Wohngruppe alt werden möchten.

BEDIENUNGSANLEITUNG

Über die Anwendung dieses Leitfadens

Im Folgenden führen wir Sie durch eine Reihe von Fragen, die wir den Teilnehmerinnen und Teilnehmern des Projektes „Neues WOHNEN 70plus" so auch gestellt haben und zwar in der Abfolge von drei Modulen, die einen zeitlichen Abstand von einigen Wochen hatten:

Modul 1:
EINLEITUNG UND DIAGNOSE

Modul 2:
WOHNBIOGRAFIE UND VISION

Modul 3:
KONKRETE WÜNSCHE

Auch Sie können den Leitfaden so anwenden! Nehmen Sie sich für jedes Modul ein bis zwei Stunden Zeit und notieren Sie Ihre Antworten auf die Fragen. Falls Sie dies gemeinsam mit Ihrem Partner oder Ihrer Partnerin tun, lassen Sie sich gegenseitig Zeit, Ihre persönlichen Antworten aufzuschreiben und lesen Sie sich diese anschließend gegenseitig vor. Wichtig ist, dass Sie nicht darüber diskutieren, sondern höchstens Verständnisfragen stellen. Es könnte sein, dass Sie Unterschiede erkennen, Dinge erfahren, die gänzlich neu für Sie sind, über die Sie noch nie oder nicht in dieser Offenheit gesprochen haben. Lassen Sie sich selbst und dem oder der anderen Zeit, die neuen Erkenntnisse wirken zu lassen. Führen Sie sich immer wieder vor Augen, dass

BEDIENUNGSANLEITUNG

es in diesen Antworten kein ‚Richtig' und kein ‚Falsch' gibt, sondern nur individuelle Wahrheiten. Dasselbe gilt auch, wenn Sie sich diese Fragen in einer größeren Gruppe von Menschen – sei es im Familien- oder Freundeskreis – stellen. Allerdings sollten Sie dafür dann mehr Zeit einplanen.

Sie können den Leitfaden aber auch durchblättern und nur bei den Themen hängen bleiben und länger verweilen, die Sie auf den ersten Blick besonders ansprechen. Vielleicht wollen Sie die drei Module zu einem späteren Zeitpunkt gründlicher durchgehen. Oder Sie möchten sich dabei von uns anleiten und durchführen lassen – auch das ist möglich.

Einleitung
und Diagnose

EINLEITUNG

Auch die Babyboomer werden älter

Mit wie vielen Jahren werde ich mich als alt empfinden?

> *Ich habe für mich gemerkt, dass ich die Altersgrenze, wo ich sage bis dahin geht's und dann bist du wirklich alt, dass ich das immer mehr nach hinten verschoben habe. Also zuerst einmal 60, dann war ich so fit mit 60 – keine Rede – bis 70, ja super. Und mittlerweile bin ich so weit, dass ich mir denke, 80 – also, wenn ich so weiter tue.*
>
> *Frau M., 75 Jahre*

Älter geworden, das sind bis jetzt immer nur die Anderen. Die Großeltern etwa, später dann Onkel und Tanten und erst vor ein paar Jahren, fast ein wenig überraschend, auch die eigenen Eltern.

Aber man selbst? Nicht doch!

Älter werden, das klingt nach schwindender Lebensenergie, nach Verlust von Lebensqualität, nach Rückzug und einem langweiligen oder sogar beschwerlichen Leben am gesellschaftlichen Rand. Dazu gehört man als Mitglied der Babyboomer-Generation noch lange nicht! Also weg mit Gedanken wie diesen und besser erst gar nicht zu weit in die Zukunft schauen?

Doch erkennen Menschen, die so über das Älterwerden denken, die Zeichen der Zeit überhaupt?

EINLEITUNG

Keine Generation zuvor fühlte sich jenseits der 60 so jung und agil und hatte nach dem Einstieg in die Pension so viele weitere Lebensjahre – selbstbestimmt wie nie zuvor – vor sich wie die Babyboomer. Wir leben heute in einer Gesellschaft des langen Lebens. Noch nie standen die Chancen so gut, lange Zeit gesund zu altern und mit viel Glück sogar das hundertste Lebensjahr zu überschreiten. Das Altern ist in unserer Gesellschaft zu einem vielschichtigen und dynamischen Phänomen geworden, ein Perspektivenwechsel hat begonnen.

EINLEITUNG

Hoffnungen und Ängste

Alter ist ein Konstrukt. Jeder Mensch hat sein eigenes Bild von Alter, das häufig – und unbewusst – von Vorbildern geprägt wurde.

Wer hat mir in meinem Leben das Älterwerden vorgelebt – positiv wie negativ – und wie wurde mein Bild von Alter dadurch geprägt?

Ich als 80-, 85- oder 90-jährige(r) Frau/Mann: Wer bin ich? Wie lebe ich mein Leben? Wer umgibt mich? Was ist mir wichtig? Wie gehe ich mit körperlichen Unzulänglichkeiten um?

Welche Ängste habe ich in Bezug auf mein Älter- und Altwerden?

Vollenden Sie diesen Satz: Wenn ich alt bin, werde ich ...

> *Wenn ich alt bin, werde ich dankbar auf mein Leben zurückschauen und vieles ausgeschöpft und losgelassen haben.*
> *Zitat Frau I., 68 Jahre*

Kindheit und Jugend waren die Zeit des Heranwachsens, des sich Annäherns an die Welt, die Zeit der Bildung und Ausbildung. Im Mittelpunkt stand das Erwachsenenleben, die berufliche Entwicklung und bei vielen Menschen auch die Gründung einer Familie, das Leben von Partnerschaft. Nun sind Sie angekommen im Älterwerden und es stellt sich die Frage, welchen Sinn Sie dieser langen Lebensphase geben wollen.

EINLEITUNG

Sinn

Welchen tieferen Sinn sehe ich grundsätzlich im Älterwerden und im Alter?

Welche Bedeutung hat für mich Sinnstiftung an sich?

Welchen Sinn möchte ich meinem Leben im Alter geben?

Auf welche Art möchte ich alt werden und was möchte ich dafür tun?

> *Ich möchte im Alter diese Gabe besitzen, dass man einfach mit dem, was noch bleibt, für sich immer wieder was Neues findet. Ersatzdinge findet, die Freude machen.*
>
> *Zitat Frau J., 70 Jahre*

EINLEITUNG

Führung und Werte

Wie und wo möchte ich für mein Leben jenseits der 70 Verantwortung übernehmen?

Welche Werte leiten mich, wenn ich an das Älterwerden denke?

FRAGEN SIE SICH

> *Wesentliche und im Alter wichtige Werte sind für mich, dass man an sich arbeitet und nicht in Müdigkeit verfällt – körperlich und geistig. Nicht einfach aufzugeben, sondern weiterzumachen.*
>
> *Zitat Frau Sch., 77 Jahre*

Viele Babyboomer haben erlebt, wie die eigenen Eltern sich aufs Alter kaum vorbereitet haben, sondern sich auf ihre Kinder verlassen haben, frei nach dem Motto: Sollte Hilfe notwendig werden, werden sich die Kinder schon kümmern.

Wie aber geht die Generation Babyboomer das Altern an, jetzt, wo die Schwelle vor ihr liegt?

Die Wünsche der Menschen an das Alter könnte man kurz zusammenfassen in einem Satz: Zufrieden und gesund alt werden in der eigenen Wohnung. Sicher, um gesund und zufrieden älter zu werden, braucht man auch ein wenig Glück. Aber Gesundheit und Zufriedenheit im Alter, sowie geeignete Rahmenbedingungen für ein Älterwerden in der eigenen Wohnung, entstehen nicht von selbst. Dazu braucht es Vorbereitung, dazu ist ein Stück Selbstverantwortung wesentlich.

EINLEITUNG

Wie schaut meine Selbstverantwortung aus?

Was wird mir im Alter wichtig sein?

Was tue ich, um geistig und körperlich beweglich zu bleiben?

Wie bereite ich mein Wohnen 70plus vor?

> *Geistig rege zu sein, das gelingt mir vielleicht durchs Reisen. Das möchte ich tun. Und Schwimmen und Yoga und gesund ernähren. Und dann bin ich mit 75 eine zwar schon etwas ältere Dame, die die Stufen aber noch ganz gut hinaufgeht, ohne gleich müde zu sein und auch noch ein bisschen was tragen kann.*
>
> *Zitat Frau O., 65 Jahre*

EINLEITUNG

Vision

Die Bilder von Alter, die unsere Gesellschaft – und damit wir alle – derzeit noch in den Köpfen hat, sind überholt. Sie stammen von vorherigen Generationen und beziehen sich heute vor allem auf das hohe Alter. Doch davon sind Babyboomer noch weit entfernt. Sie stehen jetzt an der Schwelle zum Alter, quasi am Beginn dieser Lebensphase und es liegt an ihnen, diese Zeit des Übergangs und des Wandels bewusst anzugehen, aktiv zu gestalten, mit neuen Bildern zu versehen, mit Visionen und Träumen.

Wovon träume ich, wenn ich an die nächsten Jahrzehnte denke?

> *Mein sehnlichster Wunsch wäre es, bis zum Ende fit zu bleiben.*
>
> *Zitat Frau I., 68 Jahre*

Natürlich hat die Langlebigkeit, eine Errungenschaft der modernen Medizin und der Gesundheitsvorsorge, auch Nachteile. In der Phase der Hochaltrigkeit steigt das Risiko Defizite zu erfahren und auch Hilfsbedürftigkeit. Das soll hier nicht beschönigt oder unter den Tisch gekehrt werden.

Doch diesem Aspekt des Alterns steht auch viel Positives gegenüber. Dank des medizinischen Fortschritts altern wir im Vergleich zu vorherigen Generationen gesünder und haben aufgrund der höheren Lebenserwartung heute viel mehr Zeit für unsere Lebensgestaltung und persönliche Entwicklung. Wir können das Leben

EINLEITUNG

auch jenseits der 50 noch in die Hand nehmen bzw. ihm sogar eine Wende geben. Menschen gründen mit 50 noch Unternehmen oder beginnen mit 60 ein Studium. Wer in den kommenden Jahren in Pension geht, erlebt eine so lange nachberufliche Lebensphase, wie noch keine Generation davor. Und während man sich früher nach dem Pensionsantritt vor allem ausruhen wollte, machen sich die (neuen) Ruheständler auf zu unbekannten Ufern und suchen, neben der großen Freiheit, auch Sinn und Aktivität. Die Tatsache, dass Großeltern heute ihre Enkelkinder heranwachsen sehen, sie aktiv begleiten können, mit etwas Glück vielleicht sogar ihre Urenkelkinder, ist einer der großen Vorteile des langen Lebens.

Zwar erlebt man natürlich körperliche Veränderungen – plötzlich benötigt man etwa eine Lesebrille und morgens brauchen die Glieder länger, um richtig wach zu werden. Aber fragt man ältere Menschen, ob sie wieder jung sein möchten, ist die Antwort meistens: Nein! Ich möchte keine 20 mehr sein.

Das Älterwerden lässt uns reifen. Vieles ist klarer geworden, wir wissen, wer wir sind und was uns guttut, haben aufgehört, den unwichtigen Dingen nachzulaufen und erkennen immer mehr, was eigentlich wirklich wichtig ist im Leben. Wesentliche Aufgaben haben wir bereits erledigt, die Kinder sind aus dem Haus, der Berufsweg flacht langsam ab, jetzt können wir uns zunehmend zurücklehnen oder unserem Leben noch einmal eine neue Wendung geben. Ganz wie wir wollen. Älterwerden bedeutet keineswegs, weiter die alten Wege gehen zu müssen. Wie wir unser Leben jenseits der 60 gestalten, ist unsere individuelle Entscheidung.

Die Alternswissenschaft spricht schon lange nicht mehr von dem Alter, sondern unterteilt das Alter in ein drittes und viertes Lebensalter, ohne hier Lebensjahre zuzuordnen. Das dritte Lebensalter wird beschrieben als die Zeit erhöhter Aktivität nach dem Berufsaustritt; eine Phase voll Kreativität, vielfältiger Möglichkeiten und persönlichen Entwicklungschancen. Erst das vierte Lebensalter ist gekennzeichnet von gesundheitlichen Einschränkungen und erhöhter Verletzlichkeit.

Die Übergänge sind fließend, denn Altern ist ein langsamer Prozess, der auf biologischer, psychischer und sozialer Ebene stattfindet. Der Alterungsprozess kann von niemandem gestoppt werden, aber ihm ist auch niemand hilflos ausgeliefert. Das eigene Älterwerden kann gestaltet werden.

Wir finden: Es ist ein Geschenk, älter zu werden. Kein Anlass, sich wegzudrehen oder gar Angst davor zu haben, kein Grund das Älterwerden einfach, ohne aktive Gestaltung, auf sich zukommen zu lassen.

EINLEITUNG

Wie male ich mir mein Leben 70plus aus?

Welche Träume habe ich für mein Leben jenseits der 70?

> *Ich habe eine ganze Menge an Wünschen und Visionen. Als erstes fiel mir ein – bei den Visionen, auch wenn man sie nicht erfüllen kann – der Platz am Wasser, am See oder am Meer. Dieses da in Stille sitzen und schauen oder in der Früh vor dem Frühstück ein paar Tempi zu schwimmen. Das ist ein von mir gehegter ewiger Traum.*
>
> Frau O., 65 Jahre

Sie meinen das Wort „Vision" wäre schon etwas gewagt für einen Lebensabschnitt, den man Alter nennt? Nun, wir meinen, gerade weil es sich um eine etwas vernachlässigte Lebensphase handelt, weil sie immer noch vorrangig mit negativen Bildern assoziiert wird und weil sie in der Länge ihrer Dimension neu ist, braucht es kraftvolle Bilder. Alt ist gleich Verfall, alt ist gleich Defizite, alt ist gleich Rückzug. Diese Bilder haben ausgedient! Wir wagen sogar zu sagen, selbst mit einer Beeinträchtigung ist es möglich, in etwas angepasster Form, ein gutes Leben zu führen. Stellen Sie sich vor, ihre Zukunft im Alter wird besser, schöner, intensiver, als Sie sich das jetzt vorstellen können. Wie sehen Sie sich? Wohin geht Ihre Lebensreise? Wagen Sie ruhig zu träumen!

EINLEITUNG

Gemeinschaft und Beziehungen

Lebendige und herzliche Beziehungen zu anderen Menschen halten jung und vermögen sogar das Leben zu verlängern. Wichtig für Beziehungen sind die Aspekte Nähe und Distanz. Je nach Charaktertyp neigt man dazu, nur einen der beiden Aspekte im Fokus zu haben. Beziehungen gelingen aber nur dann, wenn beides je nach aktuellem Bedürfnis gelebt werden kann. Ein ausgewogenes Geben und Nehmen ist ebenfalls von Bedeutung. In viele alte, schon lange gepflogene Freundschaften haben sich Ungleichgewichte eingeschlichen. Es bestehen vielfach Vorbehalte, diese anzusprechen – es erscheint unwichtig oder man hat Angst, durch eine Diskussion eine alte Freundschaft zu (zer)stören.

Manch Ehealltag verändert sich durch den Eintritt in die Pension schlagartig. Plötzlich steht dem Paar so viel mehr gemeinsame Zeit zur Verfügung. Nähe und Distanz müssen neu ausgehandelt werden, die Aufgabenverteilungen neu geregelt und möglicherweise neuer Sinn im Leben gefunden werden.

Für viele Menschen scheint es ganz natürlich, mit fortschreitendem Alter weniger Beziehungen zu pflegen als in jungen Jahren. Das muss kein Problem sein, wenn es sich dabei um eine bewusst getroffene Entscheidung handelt. Verringern sich die sozialen Kontakte aber aufgrund von Einschränkungen, etwa schlechteres Hören oder reduzierte Mobilität, so sollte man etwas dagegen tun.

Und dann sind da noch die Beziehungen zu jenen Menschen, die unterstützend tätig sind im hohen Alter. Dabei kann es sich um Kinder oder um professionelle Helferinnen und Helfer handeln.

EINLEITUNG

Menschen, die Versorgungsarbeiten leisten, vom Putzen der Wohnung, kleinen Hilfsdiensten bis hin zur eventuellen Pflege. Wichtig ist auch die menschliche Atmosphäre, die generell in der Gegend, der Stadt oder der Gemeinde, in der man lebt, herrscht.

Mit wem möchte ich alt werden?

> *Was mir jetzt erst so richtig bewusst wird: Ich spreche zwar am Anfang darüber, wie wichtig die Beziehung zu den Enkeln und Kindern ist, aber wirklich verstehen einander nur die Gleichaltrigen. Darum wird es immer wichtiger, Menschen um sich zu haben, die in einer ähnlichen Lebenssituation sind und diese Beziehungen zu pflegen. Kinder muntern einen zwar auf, aber sich austauschen und über den Kummer und die Unzulänglichkeiten sprechen kann man besser mit den Gleichaltrigen.*
>
> Zitat Frau G., 73 Jahre

Wie pflege ich meine sozialen Kontakte?

Welche Beziehungen werde ich haben, wer wird mich unterstützen, mich unterhalten und wie werde ich diese Beziehungen gestalten?

> *Ich hole mir Hilfen für den Haushalt, wobei ich zunächst – am Anfang des Älterwerdens – vielleicht den Nachbarssohn bitte, dass er mir was macht und dafür lade ich ihn zum Essen ein. Vielleicht irgendwie so, in Richtung Tausch, oder vielleicht kriege ich Pflegegeld.*
>
> Zitat Frau R., 72 Jahre

EINLEITUNG

Was ist jetzt zu tun, damit es später so wird, wie ich das möchte?

> *Um das zu erreichen, dass ich so leben kann, wie ich es mir vorstelle, muss ich das jetzt anfangen glaube ich – muss mich darum kümmern.*
>
> Zitat Frau O., 65 Jahre

Veränderung beginnt jetzt, mit dem ersten Schritt. Lassen Sie die Bilder Ihrer Vision für das Alter wirken und überlegen Sie, welche Schritte Sie setzen müssen, um auf diese Weise ins Älterwerden zu gehen. Sie wollen sich mehr bewegen? Na dann, gehen Sie es an! Sie wollten noch ein Instrument lernen? Tun Sie es! Sie wollen bewusst Zeit mit Ihren Enkelkindern haben? Gestalten Sie diese Zeit mit Ihren Nachkommen! Sie wollen rechtzeitig Ihr Wohnen vorbereiten? Los geht's! Machen Sie Pläne. Je konkreter, umso besser. Verschieben Sie Ihre Vorhaben nicht auf übermorgen. Die Zukunft beginnt jetzt.

Was kann ich konkret tun für ein gelungenes Älterwerden und Altern?

> *Ich merke auch, dass ich mich im Bezug auf Alter immer nach außen orientiert habe. Also das ist jetzt sehr hochgegriffen, aber wenn ich sehe wie Menschen, die regelmäßig Körperübungen machen, wie die beweglich bleiben können, dann ist das einfach ein Ziel für mich.*
>
> Zitat Frau C., 67 Jahre

DIE BEDEUTUNG VON WOHNEN

Die Bedeutung von Wohnen

Mehr als 90 Prozent unseres Lebens verbringen wir in von Menschen gestalteter, gebauter Umwelt. Diese beeinflusst unser Denken und Verhalten, unsere Gefühle und unser geistiges, emotionales sowie körperliches Wohlbefinden. Mit dem Älterwerden reduzieren wir nach und nach unsere Mobilität; die Kreise, die wir ziehen, werden kleiner. Der tägliche Weg zum Arbeitsplatz fällt weg, die Reisen werden bescheidener und die außerhäuslichen Aufgaben reduzieren sich. Irgendwann fällt uns vielleicht das Gehen schwer, wodurch die Abhängigkeit vom Umfeld zunimmt. Je älter wir werden, desto mehr Zeit verbringen wir zuhause.

Umso mehr Bedeutung sollte in dieser Lebensphase daher der unmittelbaren Wohnumgebung beigemessen werden, und zwar in zweierlei Sinn: Funktion und Gefühl. Einerseits soll das Wohnen optimale praktische Unterstützung bieten. Es soll alles, was man machen möchte, erleichtern. Andererseits soll es uns ein Gefühl von Aufgehobensein vermitteln, das uns schon beim Aufwachen erfreut, den Tag mit kleinen Annehmlichkeiten begleitet, unsere Stimmungen ausgleicht. Kurz, der Wohnort sollte ein echtes Zuhause sein.

Wohnen ist ein menschliches Grundbedürfnis. Je mehr wir uns dieser Erkenntnis öffnen, desto mehr wird uns bewusst, dass uns dies schon ein ganzes Leben lang begleitet. Hatten wir als Babys, Kinder, Jugendliche einen Platz in der Wohnung oder dem Wohnhaus, den wir als unseren eigenen betrachteten? Konnten wir ihn selbstständig gestalten? Und wie sind wir dann später ins Leben hinaus gestartet? Welche ‚Homebase' konnten wir für uns schaffen?

DIE BEDEUTUNG VON WOHNEN

Philosophinnen und Philosophen machen sich darüber seit jeher Gedanken:

> *Eine Grunddynamik des menschlichen Lebens ist das Fortgehen und das Zurückkehren. Das Fortgehen in die „Welt da draußen in ihrer ganzen Weite", das Erfüllen von Aufgaben, das Nachgehen einer Arbeit (...). Aber in dieser Welt allein könnte der Mensch nicht leben. Er würde seinen Halt verlieren, wenn er nicht an einen festen Bezugspunkt zurückkehren könnte, in die „Mitte seiner Welt". Der Mensch braucht eine Mitte, einen Bezugspunkt, einen Ort, an dem er verwurzelt ist. Das ist sein Haus, seine Wohnung, sein Zimmer, in dem er wohnt.*
>
> *Damit wir Menschen überhaupt in dieser Welt leben können, die sich unserer Übersicht und unserer Kontrolle entzieht, brauchen wir einen Raum der Geborgenheit. In diesen Raum ziehen wir uns zurück in der Gewissheit, die oft so bedrohliche, fordernde und laute Außenwelt hinter uns zu lassen. In diesem Raum können wir entspannen, Kraft tanken und wieder zu uns selbst kommen. So ist für uns unser Haus, unsere Wohnung die Mitte unserer Welt. Wohnen beinhaltet also viel mehr als das bloße Sein an einem bestimmten Ort oder in einem bestimmten Raum. Wohnen heißt, „an einem bestimmten Ort zu Hause sein, in ihm verwurzelt sein und an ihn gehören". Diese Zugehörigkeit zu einem bestimmten Ort zeigt sich auch in der je eigenen Individualität einer Wohnung.*

DIE BEDEUTUNG VON WOHNEN

Denn der Mensch zeigt sein Innerstes in seinen eigenen vier Wänden. Er gestaltet einen Raum mit seiner Persönlichkeit in Form von Erinnerungen, Andenken, Bildern, Photos, Materialien, Möbeln, Farben, etc. und sorgt damit für eine positive Wirkung der Wohnung auf seine Psyche. Wohnen ist demnach nicht beliebig, sondern es befriedigt zahlreiche Bedürfnisse des Menschen wie Sicherheit, Beständigkeit, Vertrautheit, Geborgenheit, Ungestörtheit, Individualität, Prestige, Selbstdarstellung, Kontrolle, Selbstbestimmung und Unabhängigkeit."

Zitat von Otto Friedrich Bollnow (deutscher Philosoph)

Wohnen ist nichts Passives. Als Sein-mit-anderen verändert es die Welt – nicht nur faktisch, sondern auch atmosphärisch. Wie die Menschen wohnen, ist Ausdruck von Tradition und Gewohnheit, Spiegel der Zeit wie zB technischer Standards und Moden.

Zitat von Jürgen Hasse (deutscher Geograph)

DIE BEDEUTUNG VON WOHNEN

Deshalb:
Gehen Sie es an!

Um sich konkret Gedanken darüber zu machen, wie man in Zukunft leben und vor allem wohnen möchte, ist es hilfreich, einer Struktur zu folgen, damit alle Aspekte bedacht werden. Auf den folgenden Seiten möchten wir Ihnen eine solche Gedankenstruktur anhand alltagspraktischer Fragen an die Hand geben.

Die Fragen orientieren sich an den 9 RAUM.WERTEN der benutzungsorientieren RAUM.WERTanalyse. Es handelt sich um Kriterien, anhand derer Menschen ihre persönliche räumliche Situation beurteilen können, unabhängig davon, ob es dabei um individuelles Wohnen geht, um den Arbeitsplatz, um eine Schule oder auch um den großen Stadtraum. Die RAUM.WERTE sind allgemein anwendbare Kriterien, die jeder Mensch – unabhängig von Alter oder Ausbildung – für sich einschätzen kann.

Die insgesamt 9 RAUM.WERTE sind keine objektiv messbaren Parameter, sondern beschreiben subjektive Werte – es gibt dabei kein Richtig und kein Falsch! Selbst einander sehr nahestehende Menschen wie Paare oder Familien können dazu ganz unterschiedliche, individuell oft heiß verteidigte Ansichten oder Bedürfnisse haben.

DIAGNOSE

Analyse der Gegenwart anhand der 9 RAUM.WERTE

Bevor wir in die Zukunft blicken, ist es wichtig, Vergangenheit und Gegenwart zu analysieren. Gehen Sie gedanklich oder auch physisch durch Ihre Wohnung oder Ihr Haus und bedenken Sie bei der Beantwortung der Fragen, wie Sie jetzt im Moment wohnen, was ihnen daran guttut. ihren Bedürfnissen dient oder was Sie gerne anders hätten.

NACHVOLLZIEHBARE FUNKTIONSZUSAMMENHÄNGE

Funktionen wirken auf den Raum, nicht umgekehrt!

Von Menschen geplante Räume erfüllen bestimmte Funktionen. Sie sind deshalb nicht einfach willkürlich aneinandergereiht, sondern sollen in ihrer Form und Anordnung die Benutzenden bei der Erfüllung ihrer Aufgaben unterstützen. Deshalb ist es wichtig, funktionale Abläufe in ihren Zusammenhängen zu erkennen und sie miteinander räumlich nachvollziehbar zu verbinden. Ein Beispiel im Kleinen ist die moderne Küchenplanung, welche Arbeitsabläufe, die zusammengehören, sinnvoll nebeneinander anordnet und somit Zeit und Platz spart.

Welche Funktionen und Tätigkeit haben in meiner Wohnung bzw. meinem Haus einen organisatorischen Zusammenhang?

Wie ist ihre räumliche Lage zueinander?

DIAGNOSE

> *Ich denke, die Küche wird ein zentrales Thema bleiben, im Alter wird es eine kleinere Küche auch tun. Ich merke schon jetzt, wenn die Familie nicht da ist, kochen wir auch nicht so häufig. Wir frühstücken ausgiebig und das oft in der Küche.*
>
> Zitat Frau R., 72 Jahre

ORIENTIERUNG | ÜBERSICHTLICHKEIT

*Räume führen uns von sich aus,
sie geben Botschaften und Orientierung*

Gebäude sollen einladend wirken, zum Eingang führen und danach die Menschen von selbst weiterleiten. Die wichtigsten Bereiche werden so auch ohne Leitsystem gefunden. Nicht nur die dort Wohnenden, sondern auch Besuchende finden sich intuitiv zurecht und empfinden das Gebäude dadurch insgesamt als übersichtlich. Dies schafft unterbewusst ein Gefühl von Sicherheit und Geborgenheit. Das Wechselspiel von offenen Bereichen und geschützten Ecken kann dafür wichtig sein.

**Wenn man sich dem Haus nähert,
sieht man gleich wo der Eingang ist?**

**Fühlt man sich (räumlich) angekommen,
fühlt man sich willkommen?**

**Wird man, wenn man im Haus ist,
in die richtige Richtung geleitet?**

**Hat man den Eindruck, man kennt sich aus?
Findet man sich zurecht?**

FRAGEN ? SIE SICH

Passt es für mich, wie meine Gäste bei mir ankommen?

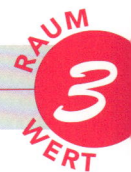

> *Also was den Zugang zum Haus betrifft, fällt mir auf, dass Menschen zwar herfinden, aber oft nicht hereinfinden. Lustigerweise stehen Menschen oft vor anderen Häusern herum. Es war nicht nur einmal, dass ich dann runtergehen musste, um die Leute einzusammeln.*
>
> *Zitat Frau C., 67 Jahre*

RAUM 3 WERT

RAUMANGEBOT UND RAUMQUALITÄT

Alles, was in einem Raum getan werden soll, muss möglich gemacht werden

In erster Linie erfüllt eine Wohnung oder ein Haus einen bestimmten Zweck. Wir wollen darin leben, arbeiten, lernen oder etwas ganz anderes tun. Diesem Zweck muss das Gebäude mit seinem Raumangebot entsprechen. Das heißt, es müssen genügend Räume zur Verfügung stehen, die in Größe und Form das ermöglichen, wofür sie gedacht sind, ohne dabei den wirtschaftlichen Rahmen zu sprengen oder zu aufwändig zu werden. Dazu ist es wichtig, die womöglich gegensätzlichen Bedürfnisse aller Nutzenden in Einklang zu bringen und sicherzustellen, dass für Tätigkeiten ausreichend Platz zur Verfügung steht.

FRAGEN ? SIE SICH

Passen Anzahl und Größe der Räume zu meinen persönlichen Bedürfnissen?

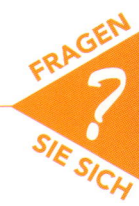

DIAGNOSE

*Welche räumlichen Qualitäten haben diese
(Zuschnitt, Raumhöhe, Größe, ...)?*

*Die Raumhöhe passt für mich auch. Ich mag zwar die hohen
Räume in Altbauten, mir würde es schon gefallen, wenn die
Räume höher wären, aber das kann man halt nicht ändern.
Und ich lebe seit der Geburt hier, ich habe mich noch nie
beengt gefühlt.*

Zitat Frau O., 65 Jahre

FLEXIBILITÄT I INDIVIDUELLE ENTSCHEIDUNGS-MÖGLICHKEITEN I IMPROVISATION

*Gestern Kinderzimmer, heute Büro,
morgen Gästezimmer, übermorgen ...*

Alles ist im Wandel. Das spiegelt sich auch in immer wieder wechselnden Raumnutzungen. Wo gestern noch zwei Kinder geschlafen haben, soll morgen ein Arbeitszimmer entstehen. Wo heute ein Abstellraum ist, wird morgen eine Werkstatt sein. Wo sich die Anforderungen ändern, muss sich der Raum mit ihnen verwandeln und den neuen Bedürfnissen entsprechen können. Wenn diese Möglichkeiten von Anfang an mitgedacht werden, lassen sich Räume flexibel anpassen und variabel möblieren.

DIAGNOSE

Gibt es Mehrfachnutzungen?

*Können wir für bestimmte Tätigkeiten
in andere Gebäude oder andere Räume ausweichen?*

*Haben wir Möbel, die uns beim schnellen
Umorganisieren einer räumlichen Situation unterstützen?*

*Gibt es Möglichkeiten, Räume mit einfachen Mitteln
zu verändern und an geänderte Bedürfnisse
(vorübergehend) anzupassen?*

FRAGEN SIE SICH

> *Flexibilität leben wir, wenn die Kinder da sind. Zum Beispiel das mittlere Zimmer, wo ich meine Nähmaschine stehen habe; da habe ich ganz bewusst eine Couch gewählt, wo ich mich zurückziehen kann, wenn ich in Ruhe lesen oder meine Energieübungen machen will – das ist noch dazu der schönste Platz.*
>
> *Zitat Frau R., 72 Jahre*

WEGEFÜHRUNG: WEGLÄNGEN UND WEGQUALITÄTEN

RAUMWERT 5

*„Funktionierende" Räume beruhen
auf funktionierender Bewegung*

Bewegung und Vernetzung sind entscheidende Faktoren. Deshalb sind Raumverbindungen besonders wichtig. Wenn sie einladend und angenehm sind, werden Wege ohne Zögern gemacht,

DIAGNOSE

es entsteht Dynamik. Wenn man sich in diesen verbindenden Räumen aber nicht wohl oder nicht sicher fühlt, werden sie nicht angenommen und damit auch nicht so oft genutzt. Dies gilt nicht nur für Verbindungen in der Wohnung, sondern auch im Umfeld des Gebäudes.

FRAGEN SIE SICH

Wie oft mache ich bestimmte Wege (etwa ins Bad, in die Waschküche, zum Bus, zum Einkaufen)?

Wie sind die Wege, die ich zurücklegen muss, gestaltet (kurz, weit, eng, dunkel, praktisch, über Treppen)?

Wie ist der Weg zum Gebäude und zu meiner Wohnung im Gebäude gestaltet (Treppen, Lift)?

Wo beginnt bzw. wo endet der Weg in meine Wohnung bzw. in mein Haus (Parkplätze, Öffi)?

Bei mir zuhause gibt es schon Wege, die sehr mühsam sind. Zum Beispiel stehen die Waschmaschine und der Gefrierschrank bei uns im Keller – gerade mit vollem Wäschekorb ist es oft ein Hindernis, die Stufen zu bewältigen. Ich versuche es als Fitness-Einheit zu sehen, frage mich aber, wie lange ich diesen Weg noch bewältigen kann, jetzt wo es mit dem Stiegensteigen schwieriger wird. Die stehen nämlich ganz unten im Keller – das sind Wege, die sehr mühsam sind.

Zitat Frau S., 77 Jahre

DIAGNOSE

NÄHE UND DISTANZ

*Gemeinsam, vereinzelt, alleine –
räumliche Verbindung versus Abschottung*

Ob Räume geschlossen oder offen gestaltet sind, macht einen großen Unterschied. Kommunikation und Interaktion werden so entweder gefördert oder gezielt in Grenzen gehalten. Menschen, die einander sehen oder sogar hören können, bekommen Informationen sozusagen nebenbei mit; ein anderes Mal wünscht man sich Ruhe und Privatheit. Idealerweise bietet die Wohnsituation Angebote, um zwischen diesen Möglichkeiten flexibel wählen zu können.

RAUMWERT 6

Wo gibt es räumliche, akustische, blickliche Verbindungen und wo gibt es Barrieren zu anderen Menschen?

Wo können sich die Bewohner zurückziehen?

Wo ist Raum für gelebte Gemeinschaft?

Wo kann man eine Tür auch mal schließen?

Wo steht sie offen?

FRAGEN SIE SICH

> *Wenn wir Distanz suchen, geht meine Frau in den ersten Stock und ich gehe in den Keller. Aber die volle Flexibilität, dass auch eine zweite Familie hier wohnen könnte, die haben wir nicht.*
>
> *Zitat Herr R., 76 Jahre*

DIAGNOSE

RAUM 7 WERT

GEFÜHLTES RAUMKLIMA – BEHAGLICHKEIT

Licht | Luft | Farbe | Akustik | Materialien | Möblierung

Es gibt gesetzlich festgelegte Indikatoren für die Kriterien des Raumklimas. Doch Schönheit liegt im Auge des Betrachters und ob jemand eine bestimmte Farbe oder ein Material als angenehm empfindet, ist sehr individuell. Ein lebendiger Raum kann den eigenen Vorstellungen schon durch kleine Anpassungen flexibel entgegenkommen. Licht zum Beispiel verändert das Raumempfinden auf effektive Weise: Ist der ganze Raum ausgeleuchtet oder gibt es einzelne Lichtinseln? Lassen sich die Lichtfarbe und die Helligkeit anpassen? Zur individuellen Bewertung kommen noch die unterschiedlichen Nutzungen eines Raumes, denen damit leicht und schnell entsprochen werden kann.

FRAGEN SIE SICH

Wie ist das Licht?

Wie wird gute Luftqualität gewährleistet?

Welche Farben kommen wo zum Einsatz?

Wie ist die Akustik in und zwischen den Räumen?

Wie zu anderen Wohnungen?

Welche Materialien sind verwendet worden?

DIAGNOSE

> *Mir ist es sehr wichtig, gutes Licht zu haben. Also ausreichende und helle Beleuchtung im Wohnbereich, damit ich mich wohlfühlen kann. Im Rest der Wohnung ist mir das nicht so wichtig.*
>
> *Zitat Frau M., 75 Jahre*

ANZIEHUNGSPUNKTE UND VERBINDUNGSELEMENTE | MARKANTE ORTE | LIEBLINGSPLÄTZE

Markante Orte schaffen Kommunikationsräume

In vielen Wohnungen sitzen alle um den Küchentisch, während das Wohnzimmer leer bleibt. Solche natürlichen Anziehungspunkte geben einer Wohnung ihren Charakter und verbinden Bewohnende und Gäste. Lieblingsplätze, zum Beispiel am Fenster oder ein besonders gemütlicher Platz am Sofa, schaffen Behaglichkeit. Ein strategisch günstig platzierter Kaffeetisch oder eine Bank vor dem Haus geben Gelegenheit für zufällige Begegnungen und bieten eine zwanglose Möglichkeit zur Kommunikation.

DIAGNOSE

FRAGEN SIE SICH?

Welche Räume oder räumlichen Elemente wirken als Anziehungspunkte?

Welche Verbindungselemente zu anderen benachbarten Häusern gibt es?

Wird die Kommunikation untereinander gefördert?

Wo können wir uns treffen?

Gibt es Möglichkeiten für einen gemütlichen gemeinsamen Aufenthalt?

Wo sind meine persönlichen Lieblingsplätze?

> *Meine Lieblingsplätze sind mein Wohnzimmer, die Couch und die Küche – dort treffen sich immer alle.*
>
> *Zitat Frau J., 70 Jahre*

DIAGNOSE

AUSSENWIRKUNG

Selbstbild – Fremdbild

Jedes gebaute Element, jeder Raum hat eine Aussage, wirkt auf seine Umgebung und spricht zu ihr. Der Eindruck, den das Gebäude und die Wohnung vermitteln, soll mit dem Bild, das ich von mir nach außen kommunizieren möchte, übereinstimmen. Meine Wohnsituation (Größe, Lage, Umfeld, etc.) soll zu mir und meiner Persönlichkeit passen.

Wie wirkt unser Gebäude nach außen?
Wie wirken unsere Räume auf Besucherinnen und Besucher?
Wie wirkt der umgebende Außenraum?

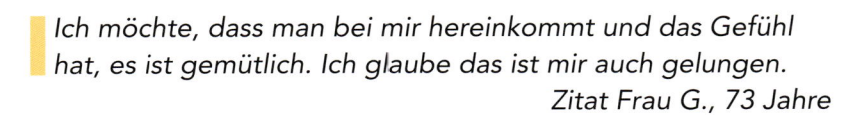

> Ich möchte, dass man bei mir hereinkommt und das Gefühl hat, es ist gemütlich. Ich glaube das ist mir auch gelungen.
> Zitat Frau G., 73 Jahre

Wohnbiografie und Vision

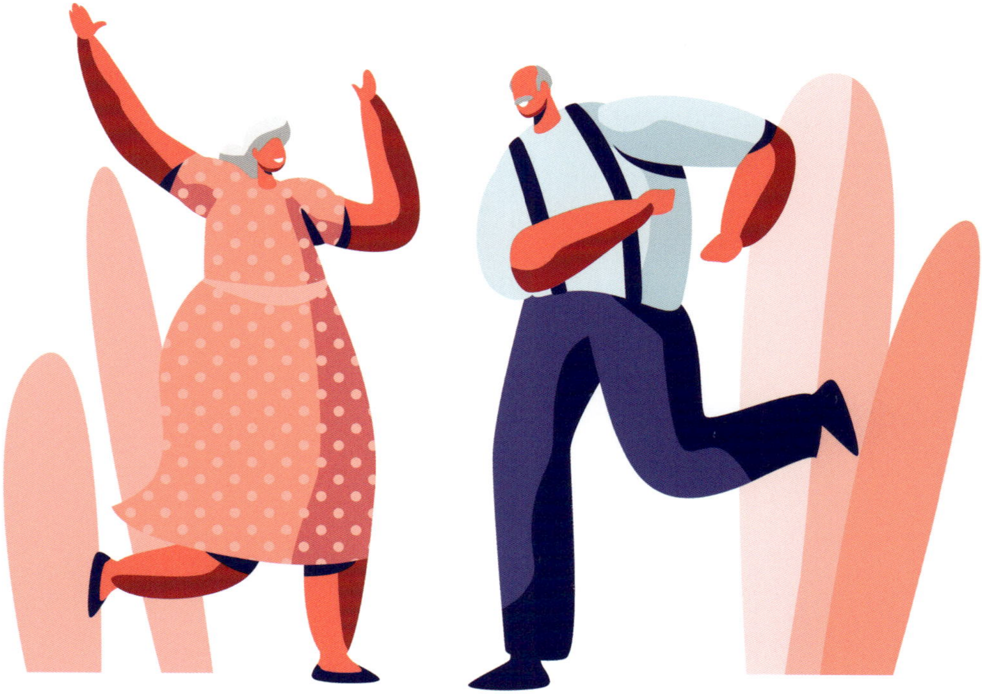

Wohnsituationen im bisherigen Leben

Auch wenn viele Menschen nach einem stabilen Wohnen streben, nach einem „Nest", einem Zuhause für heute, morgen, übermorgen und bis ans Ende des Lebens: Das individuelle Wohnen über den Lebensverlauf ist meistens doch eher geprägt von Brüchen und Wandel.

Selbstverständlich gibt es Menschen, die ihr gesamtes Leben an einem Ort verbringen, aber auch Menschen, die bis ans Ende des Lebens ihren Lebensort nicht finden. Doch die meisten Menschen erleben Umbrüche, die wir hier exemplarisch für die Babyboomer-Generation nachzeichnen wollen.

Als Kind ist das persönliche Wohnen bestimmt von den Lebensveränderungen und Umzügen der Eltern. Wohnen mit den Eltern oder auch nur mit Mutter oder Vater, ein Kinderzimmer mit dem Bruder, der Schwester oder für sich alleine, dann vielleicht Scheidung und ein wechselhaftes Wohnen bei Vater und Mutter, danach das Jugendzimmer und irgendwann der Auszug von zu Hause, die erste Wohnung, Gründung eines eigenen Haushalts.

Auch im Erwachsenenleben wandelt sich das Wohnen immer wieder. Meistens starten junge Erwachsene mit reduziertem Wohnraum, mit einer Garçonniere etwa oder einem Zimmer – möglicherweise in einem Studentenheim oder in einer Wohngemeinschaft. Danach die ersten Partnerschaften und es folgt Zweisamkeit in meist wechselnden Kleinwohnungen. Später wandelt sich das Paar zu einer wachsenden Familie und auch das Wohnen wandelt sich; es folgen oft mehrere Wohnungswechsel, entsprechend Kinderanzahl und finanzieller Möglichkeiten.

WOHNBIOGRAFIE

Irgendwann entsteht das Gefühl, angekommen zu sein, sich ein Zuhause, ein „Nest" geschaffen zu haben. Nicht selten ist die Erreichung dieses kleinen Traums verbunden mit finanziellen Herausforderungen. Kredite müssen aufgenommen und abbezahlt werden oder aber die Miete verschlingt jeden Monat große Anteile des Einkommens. Aber all das lohnt sich. Die Kinder in diesem Wohnraum aufwachsen zu sehen, ihnen ein stabiles Heim in gutem Umfeld bieten zu können, das macht stolz und zufrieden.

Doch ehe man sich's versieht, steht ein erneuter Wandel an. Nach und nach werden die Kinder flügge und verlassen das elterliche Nest, machen sich auf ins Leben und damit auch in ein eigenes Wohnen. In den ersten Jahren kehren sie vielleicht immer wieder zurück; die elterliche Wohnung fungiert als sicherer Hafen zwischen wechselnden Lebens- und Wohnstationen. Doch irgendwann hat das gemeinsame familiäre Wohnen tatsächlich ein Ende und Kinder, später auch Enkelkinder, werden zu Gästen.

Manche Menschen ordnen an diesem Punkt im Leben den bestehenden Wohnraum noch einmal neu. Endlich Platz. Endlich einen eigenen Schrankraum, ein eigenes Zimmer für Hobbys oder vielleicht auch ein getrenntes Schlafzimmer, damit Schnarchen oder Schlaflosigkeit nicht stören. Endlich ist die Wohnung oder das Haus auch nicht mehr mit Schulden belastet, die Wohnung ist abbezahlt, die monatlichen Wohnkosten haben sich beträchtlich reduziert. Also warum irgendetwas ändern? Eher noch einmal investieren, in eine neue Küche etwa oder ein neues Badezimmer, einen kleinen Wellnessbereich im Keller.

WOHNBIOGRAFIE

Danach aber einfach das erreichte Wohnen und den sich erarbeiteten Lebens- und Wohnstandard so richtig genießen. Man hat es geschafft, sich seine Träume erfüllt. Hier ist man zu Hause, hier fühlt man sich geborgen. Der Wohnraum trägt die eigene Lebensgeschichte in sich, jedes Möbelstück weckt Erinnerungen, viele Details der Wohnung erzählen aus dem vergangenen Leben. Hier möchte man bleiben, hier möchte man alt werden.

Die Frage ist nur, taugt die bestehende Wohnung überhaupt für das Älterwerden? Entspricht die bestehende Wohnung, den sich wandelnden Bedürfnissen? Ist ein Leben in der bestehenden Wohnung bis ins hohe Alter möglich? Oder ist doch noch einmal eine Veränderung der Wohnsituation angesagt?

Jeder Mensch trägt also eine Wohnbiografie in sich und die von Menschen jenseits der 60 ist lange und erlebnisreich. Diese Biografie beinhaltet alle persönlichen Wohnerfahrungen, ist gefüllt mit der eigenen individuellen Lebensgeschichte und kann daher als Fundament der persönlichen Wohnbedürfnisse betrachtet werden. Die Wohnbiografie gibt Aufschluss über Sehnsüchte und Abneigungen, zeigt sich wiederholende Elemente des Wohnens und liefert Informationen zu erlebter Nachbarschaft und Gemeinschaft.

So kann etwa das Vorhandensein einer vom Bad getrennten Toilette für den einen Menschen, der dies vielleicht seit vielen Jahren so gewohnt ist, wesentlich sein, während dieser Umstand einen anderen Menschen gar nicht kümmert. Ein sehr beengtes Wohnen in der Kindheit kann bei dem einen Menschen dazu führen, dass sie oder er kleine Räume nicht mehr ertragen kann und sich deshalb sehnsüchtig große Räume wünscht, während ein anderer Mensch mit ähnlicher Erfahrung kleine Räume als gemütlich erlebt.

Durch das Betrachten der Wohnbiografie können auch fehlende Erfahrungen sichtbar gemacht werden. So stellt sich etwa die Frage, ob jemand, der immer in Gemeinschaft gelebt hat, in einer Single-Wohnung glücklich wird oder ob hier nicht eher Vereinsamung droht. Umgekehrt kann aber gerade diese fehlende Erfahrung dazu führen, dass jemand unbedingt auch einmal im Leben alleine wohnen möchte.

Den Brüchen und dem Wandel des eigenen Wohnens nachzugehen, die eigene Wohnbiografie zu entdecken und zu erforschen, ist spannend und die Erkenntnisse daraus können sich für die Planung zukünftiger Wohnvisionen richtig lohnen, vor allem, wenn es ums Wohnen in den späteren Lebensjahren geht. Sein Wohnen noch einmal zu verändern, auf das kommende Alter vorzubereiten, ist mehr als nur eine Adaptierung, die Schaffung neuen Wohnraums oder seine anschließende Möblierung.

Es kann erkenntnisreich sein, die Geschichte, wie Sie in Ihrem Leben bereits gewohnt haben, genauer zu betrachten. Es könnten sich wiederholende Elemente zeigen, vielleicht auch Kleinigkeiten, die Ihnen immer wichtig waren. Sie könnten aber auch auf Wünsche treffen, die Sie bisher noch nicht verwirklichen konnten, die vielleicht in Zukunft noch erfüllt werden wollen, oder aber bewusst ad acta gelegt und auch betrauert werden müssen.

WOHNBIOGRAFIE

Stellen Sie sich die folgende Fragen und erfahren Sie, welchen Stellenwert Ihre Wohnsituation bisher in Ihrem Leben hatte:

In welchen Wohnungen und Häusern habe ich bisher gelebt?

Mit wem habe ich zusammengewohnt?

Welche Wohnungen und Häuser waren für mich wichtig?

Welche räumlichen Elemente (Möbelstücke, Einrichtungssituationen, technisch-praktische Gegebenheiten, Kleinteile, Farben, Materialien, Raumaufteilungen etc.) waren mir wichtig und haben mich vielleicht schon von Kind an begleitet?

Welche Wohnsituationen empfand ich als belastend und warum?

In welchen Wohnsituationen habe ich besonders glückliche Zeiten verbracht?

FRAGEN SIE SICH

> *Wichtige Elemente waren für mich immer ein eigener Schreibtisch, auch für die Kinder, und ein richtiger Esstisch.*
>
>   Zitat Frau S., 77 Jahre

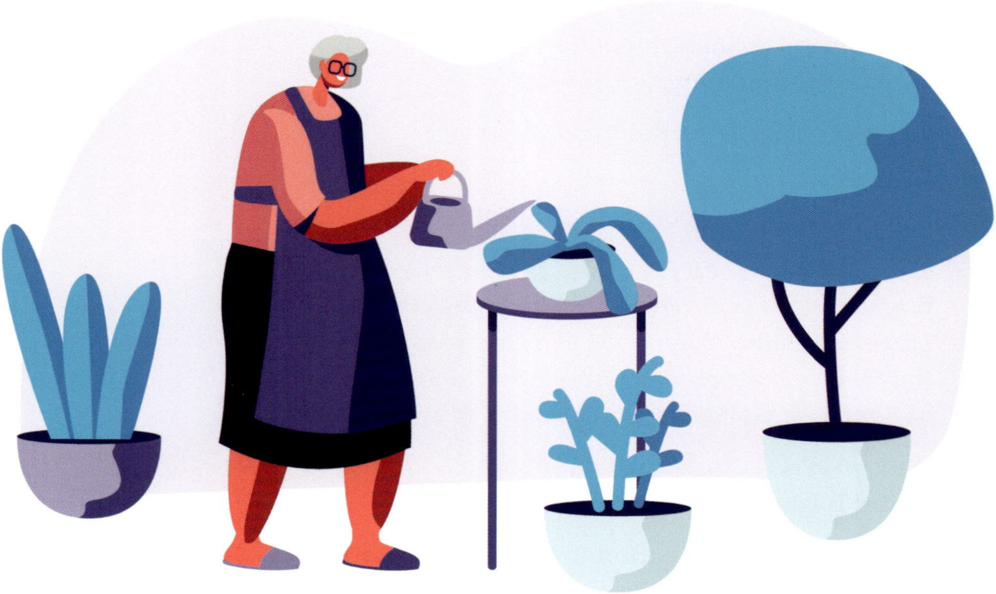

Visionsreise Wohnen

Den Schritt in die Zukunft beginnen wir mit einem Traum.

Es geht darum, das Thema noch einmal „zu öffnen" und ohne jede Begrenzung zu denken, zu sehen und zu spüren, bevor die Auseinandersetzung mit dem Konkreten stattfindet und Sie sich mit dem faktisch Möglichen oder mit möglichen Einschränkungen jeder Art (körperlich, finanziell, wohnräumlich) befassen.

Wir laden Sie ein, die Augen zu schließen und alle Traumbilder, die bezüglich Wohnen auftauchen – einzelne Elemente oder ganze Geschichten, seien sie auch noch so widersprüchlich oder scheinbar unrealisierbar – in Ihrem Geist einzufangen. Fühlen Sie sich ermutigt, beim Denken und Träumen weit auszuholen und sich nicht einzuschränken! Eine Ihnen besonders angenehme Musik kann dabei hilfreich sein.

Wenn Sie von Ihrer Traumreise ins Hier und Jetzt zurückkehren, ist es essenziell, nicht gleich zu sprechen. Schreiben Sie die Träume oder Traumfetzen auf, vielleicht wollen Sie diese auch lieber in Skizzen, Zeichnungen oder Collagen festhalten. Und geben Sie sich – und Ihren eventuellen Gefährtinnen und Gefährten – auch dann noch Zeit, bevor Sie darüber sprechen.

Konkrete
Wünsche

KONKRETE WÜNSCHE

Wohnen im Alter anhand der 9 RAUM.WERTE

Der nächste Schritt ist die Auseinandersetzung mit dem konkreten Wohnen im Alter. Beantwortet wird die Frage, wie die Wohnung, in der Sie alt werden möchten, in der Sie gut leben können und eventuell auch mit körperlichen oder geistigen Einschränkungen leben werden, gestaltet sein soll.

Wir nutzen dazu wieder die Ihnen bereits bekannten RAUM.WERTE und transferieren diese nun in die Zukunft:

RAUM.WERT 1

NACHVOLLZIEHBARE FUNKTIONSZUSAMMENHÄNGE

FRAGEN SIE SICH

Was möchte ich in meiner zukünftigen

Wohnsituation alles tun und erleben?

Wie hängt das alles funktionell zusammen?

Wie soll die räumliche Lage dieser Tätigkeiten zueinander sein?

Wie wird es für MICH praktisch sein?

> *Fürs Alter wäre wichtig, das habe ich eh schon ein paar Mal gesagt, dass im Parterrebereich noch irgendeine Duschmöglichkeit wäre. Ich habe zwar noch eine im Keller, aber da ist genauso eine Stiege zu überwinden. Das wäre das allerwichtigste.*
>
> Zitat Frau R., 72 Jahre

KONKRETE WÜNSCHE

ORIENTIERUNG | ÜBERSICHTLICHKEIT

Was brauche ich, um mich in meinem Haus schon von außen willkommen zu fühlen?

Was gibt mir das Gefühl von Übersichtlichkeit?

Wie möchte ich, dass meine Gäste bei mir ankommen?

Wie sollen sie sich zurechtfinden?

> *Wichtig ist mir ein helles Stiegenhaus (Tageslicht), das auch kommunikativ genutzt werden kann.*
> *Zitat Frau M., 75 Jahre*

RAUMANGEBOT UND RAUMQUALITÄT

Welche Räume bzw. wie viele Räume brauche ich für meine Bedürfnisse?

Wie groß oder wie klein sollen sie sein, um praktisch zu sein, gemütlich zu wirken und alles zu ermöglichen, was ich tun möchte?

Welche anderen räumlichen Qualitäten sollen sie haben (Zuschnitt, Raumhöhe etc.)?

KONKRETE WÜNSCHE

> *Ich möchte gerne in eine kleinere Wohnung umziehen und mich dementsprechend reduzieren – danach sehne ich mich, dass ich woanders lebe – eine neue und kleinere Wohnung ist auch ganz anders von der Pflege her, man muss nicht so viel machen. Man ist frei von Reparaturen und lebt nur mit dem, was man wirklich braucht.*
>
> Zitat Herr R., 76 Jahre

RAUMWERT 4: FLEXIBILITÄT | INDIVIDUELLE ENTSCHEIDUNGSMÖGLICHKEITEN | IMPROVISATION

FRAGEN SIE SICH?

Wie könnte ich Räume mehrfach nutzen?

Kann ich für bestimmte Tätigkeiten in andere Gebäude oder Räume ausweichen?

Habe ich Möbel, die mich beim schnellen Umorganisieren einer räumlichen Situation unterstützen?

Habe ich an Möglichkeiten gedacht, Räume schnell und einfach zu verändern?

> *Ein Gästezimmer wäre schon sinnvoll, da könnte man auch den Heimtrainer und den Computer unterbringen, damit es genutzt wird, wenn kein Besuch da ist.*
>
> Zitat Frau S., 77 Jahre

KONKRETE WÜNSCHE

WEGEFÜHRUNG:
WEGLÄNGEN UND WEGQUALITÄTEN

*Wie oft werde ich bestimmte Wege machen
(Bad, Waschküche, Bus, Einkaufen etc.)?*

Wie sollen die Wege, die ich zurücklege, gestaltet sein?

*Wie soll der Weg zum Gebäude und zu meiner
Wohnung im Gebäude gestaltet sein (Zufahrt, Lift etc.)?*

*Wo beginnt bzw. wo endet der Weg in die Wohnung
bzw. in mein Haus (Parkplätze, Öffi etc.)?*

> Wenn nicht alles im Erdgeschoss realisierbar ist,
> wäre mir ein Aufzug wichtig.
>
> Zitat Frau O., 65 Jahre

RAUM 5 WERT

FRAGEN ? SIE SICH

NÄHE UND DISTANZ

*Wo soll es räumliche, akustische, visuelle
Verbindungen zu anderen Menschen geben?*

*Wo kann ich mich zurückziehen? Wo soll privater
Raum für andere Bewohnerinnen und Bewohner sein?*

Wo möchte ich Platz für gelebte Gemeinschaft?

Wo kann ich eine Tür auch mal schließen? Oder bewusst öffnen?

> Ich hätte auf jeden Fall gern eigenes Bad und eine eigene
> Küche, das möchte ich nicht mit jemanden teilen. Es hat ja so
> jeder seine Reinlichkeits- oder Aufräumvorstellungen. Die
> einen lassen mehr stehen, die anderen weniger.
>
> Zitat Frau J., 70 Jahre

RAUM 6 WERT

FRAGEN ? SIE SICH

KONKRETE WÜNSCHE

RAUM 7 WERT

FRAGEN ? SIE SICH

GEFÜHLTES RAUMKLIMA – BEHAGLICHKEIT

Wie ist das Licht?

Wie wird die Luftqualität gewährleistet?

Welche Farben kommen wo zum Einsatz?

Wie ist die Akustik in und zwischen den Räumen und zu anderen Wohneinheiten?

Welche Materialien sollen verwendet werden?

> Es soll hell sein, möglichst mit Naturmaterialien und Holzböden ausgestattet. Wichtig ist eine gute Isolierung gegen Lärm.
>
> Zitat Frau G., 73 Jahre

RAUM 8 WERT

ANZIEHUNGSPUNKTE UND VERBINDUNGSELEMENTE | MARKANTE ORTE | LIEBLINGSPLÄTZE

Welche Räume / räumlichen Elemente sollen als Anziehungspunkte wirken?

Welche Verbindungen zu anderen benachbarten Wohnungen oder Häusern wünsche ich mir? Wie soll die Kommunikation untereinander gefördert werden?

Wo können wir uns treffen? Gibt es Möglichkeiten für einen gemütlichen gemeinsamen Aufenthalt mit anderen Menschen?

Welche Lieblingsplätze möchte ich nicht missen?

KONKRETE WÜNSCHE

> *Im Alter würden mir Küche und Wohnzimmer reichen, weil wir dann nicht mehr so mobil sind. Die Frage ist, wo man dann seinen Hobbys nachgehen kann. Aber da wohnen wir dann sicher wo, wo es vielleicht so etwas gibt wie einen Gemeinschaftsraum oder -keller.*
>
> Zitat Frau C., 67 Jahre

AUSSENWIRKUNG

Wie soll das Gebäude nach außen wirken?

Welchen Eindruck soll meine Wohnung auf Besucher machen?

Wie soll der Außenraum wirken?

> *Moderne, solide Architektur. Am liebsten unter Verwendung von Holz(verkleidung), Mitverwendung von Holz bei den Balkonen, vielleicht unterschiedlich groß, unterschiedliche Form? Begrüntes Dach. Kurz: Grün, freundlich, innovativ, Holz.*
>
> Zitat Frau G., 73 Jahre und Frau M., 75 Jahre

FRAGEBOGEN

Welche Wohnpersönlichkeit sind Sie?

Jeder Mensch legt auf andere Dinge besonderen Wert und fühlt sich in unterschiedlichen Konstellationen wohl. Sind Sie eher ein Einzelgängertyp oder möchten Sie Leben im Haus? Kümmern Sie sich gerne selbst um Ihre privaten Angelegenheiten oder genießen Sie es, wenn Ihnen Manches abgenommen wird?

Unser Test soll Ihnen einen Hinweis geben, welche Wohnformen für Sie infrage kommen könnten. Kreuzen Sie einfach spontan eine Antwort bzw. Aussage an!

Wie kommen Sie mit neuen Technologien (Internet, Handy) zurecht?

☐ Zum Glück brauche ich das kaum. Und was ich brauche, kann ich bedienen. (A)

☐ Ich finde die sich bietenden Möglichkeiten interessant. Oft tüftle ich herum, bis ich herausgefunden habe, wie etwas geht. (B)

☐ Ich genieße es, dass meine Enkel (oder andere Menschen) mir immer wieder etwas Neues zeigen. (C)

☐ Ich mag die Annehmlichkeiten und die Sicherheit, die sich daraus ergeben. Die Anwendung überlasse ich aber lieber Menschen, die sich damit auskennen. (D)

Blicken Sie einmal zurück, wie Sie bisher gewohnt haben:

☐ Ich habe großteils alleine oder mit meinem Partner und ggf. den Kindern gelebt. (A)

☐ Bei uns sind Freunde und Familie immer ein und aus gegangen. Wir waren selten alleine am Tisch. (C)

☐ Ich habe auch im Erwachsenenalter zeitweise mit meinen Eltern oder anderen Familienmitgliedern in einem Haus gewohnt. (B)

☐ Ich habe längere Zeit mit anderen zusammengewohnt, zum Beispiel in einer Wohngemeinschaft oder einem Studentenheim. (D)

FRAGEBOGEN

Wie gehen Sie vor, wenn Sie Unterstützung brauchen (Schnee schaufeln, Lampe montieren etc.)?

☐ Ich vertraue darauf, dass darn jemand aus der Familie oder der Nachbarschaft hilft. (C)

☐ Ich habe jemanden, dem ich als Dankeschön etwas zustecke. (B)

☐ Ich hole mir professionelle Hilfe und zahle auch dafür. (D)

☐ Ich bitte ungern um Hilfe. Das meiste schaffe ich alleine. (A)

Stellen Sie sich vor, dass Sie irgendwann regelmäßig Unterstützung im Alltag brauchen (Kochen, körperliche Pflege etc.):

☐ Meine Familie und meine Nachbarn werden mir auch dann regelmäßig helfen. (C)

☐ Für regelmäßige Pflege nehme ich mir einen mobilen Dienst. (A)

☐ Ich hätte gerne jemanden im Haus, der für mich greifbar ist. (B)

☐ Ich wäre gerne in einer unterstützenden Umgebung. (D)

Kochen und Essen sind in unserer Gesellschaft sehr wichtig.

☐ Ich koche auch für mich alleine und genieße meine Speisen in Ruhe. (A)

☐ Ich koche ungern für mich alleine. Alleine zu essen macht mir aber nichts aus. (B)

☐ Ich sitze sehr ungern alleine am Tisch. (D)

☐ Am liebsten mag ich es, wenn in Gesellschaft gekocht und gegessen wird. (C)

FRAGEBOGEN

Wie wünschen Sie sich Ihr soziales Umfeld?

☐ Ich gehe jeden Tag die paar Schritte zum Einkaufen und treffe Nachbarn auf einen Plausch. (B)

☐ Ich habe gerne Leben um mich. Ein leeres Haus kann ich mir nicht vorstellen. (D)

☐ Ich mag meine Ruhe. Ich beschäftige mich gerne alleine mit meinen Hobbys. (A)

☐ Ich bin sehr aktiv und kommunikativ. Deshalb bin ich in verschiedenen Vereinen oder Gruppen, die gemeinsam etwas unternehmen. (C)

Sind Sie ein Stadtmensch oder brauchen Sie die Natur?

☐ Ich schätze am Leben in der Stadt, dass es viele Möglichkeiten bietet, etwa Theater oder ein Schwimmbad. Ich nutze die öffentlichen Verkehrsmittel und wenn ich in der Sonne sitzen möchte, gehe ich in einen Park. (A)

☐ Ich mag das Leben am Stadtrand. Alles ist erreichbar, auch wenn ich es nicht täglich nutze. Ich kann meinen Balkon oder Garten selbst bepflanzen. (B)

☐ Für mich ist das Dorf ideal. Man kennt sich und entgeht der Hektik der Stadt. (C)

☐ Mir ist eher egal, wo meine Wohnung ist, Hauptsache sie ist gemütlich. (D)

Alle Menschen möchten sich gerne in ihrem Wohnumfeld sicher fühlen.

☐ Ich bin nicht gerne alleine im Haus. Ich möchte wissen, dass jemand da ist. (C)

☐ Ich möchte jemanden in Rufweite haben, falls ich zB. stürze. (B)

FRAGEBOGEN

☐ Ich denke, ein Alarmknopf am Bett würde mir ausreichend Sicherheit bieten. (D)

☐ Ich kann alleine Hilfe rufen, falls es nötig sein sollte. (A)

**Jeder Mensch braucht Rückzugsmöglichkeiten.
Sind Sie offen für gemeinsam genutzte Räume?**

☐ Ich lasse nur meine Familie und enge Freunde in meine Wohnung. (A)

☐ Ich kann mir die gemeinsame Nutzung von Räumen außerhalb meiner Wohnung vorstellen, zum Beispiel eine gemeinsame Werkstatt oder ein Veranstaltungsraum. (C)

☐ Ich kann mir die gemeinsame Nutzung von Wohnräumen vorstellen, wie zB. ein gemeinsames Wohnzimmer oder eine gemeinsame Küche. (B)

☐ Ich brauche eigentlich nur ein Zimmer für mich. Alles andere teile ich gerne. (D)

Wären Sie bereit, einen Beitrag in einem sozialen Gefüge zu leisten?

☐ Ich möchte eigentlich nur meine Miete und vielleicht für Unterstützung von außen bezahlen. (D)

☐ Ich bin gerne bereit, für meine Nachbarin oder meinen Nachbarn kleinere Besorgungen zu machen. (A)

☐ Ich kann mir gut vorstellen, zum Beispiel regelmäßig auf Kinder aufzupassen oder zu kochen und im Gegenzug auch Hilfe in Anspruch zu nehmen. (B)

☐ Ich würde es genießen, in Gemeinschaft zu leben und alle Pflichten zu teilen. (C)

AUFLÖSUNG

Hinter jeder Antwort finden Sie einen Buchstaben. Zählen Sie bitte zusammen, wie oft Sie A, B, C oder D angekreuzt haben. Je mehr Antworten Sie bei einer Zahl gegeben haben, desto eher kommt der entsprechende Typ für Sie infrage. Beachten Sie aber bitte, dass Ihre Antworten nur eine Momentaufnahme sind und dass jeder Mensch eine Mischung aus allen Typen ist. Unser Test kann Ihnen eine kleine Orientierungshilfe sein.

TIPPS:
Je nachdem, welcher Persönlichkeitstyp Sie sind, gibt es verschiedene Leistungen und Angebote vom Land Salzburg, die Ihnen im Bedarfsfall weiterhelfen können. Sie finden diese im danach anschließenden Serviceteil.

TYP A

Sie genießen es, in Ihren eigenen, privaten vier Wänden zu leben. Ihren Interessen gehen Sie gerne alleine zu Hause nach oder Sie treffen sich lieber woanders mit Freunden oder Bekannten. Wenn Sie Unterstützung im Haushalt oder im Garten benötigen, dann holen Sie die von außen – entweder aus der Nachbarschaft oder Familie, oder aber sie bezahlen eine Haushaltshilfe oder einen Handwerker.

Damit Sie weiterhin eigenständig alleine leben können, sollten Sie kritisch Ihr jetziges Wohnen betrachten: Kann ich in dieser Wohnung auch noch leben, wenn ich nicht mehr so gut zu Fuß bin? Gib es einen Lift? Sind öffentliche Verkehrsmittel in der Nähe? Kann ich mich selbstständig versorgen? An wen kann ich mich wenden, wenn ich Unterstützung brauche? Passt die Größe, die ich zu putzen habe, zu dem Platz, den ich wirklich verwende? Sind Bad, Küche und Wohnräume so eingerichtet, dass sie mich unterstützen und nicht behindern?

> *Ich möchte, dass wir mit einer gewissen Bequemlichkeit miteinander alt werden.*
>
> *Zitat Herr R., 76 Jahre*

AUFLÖSUNG

TYP B Sie leben gerne in einem privaten Umfeld, aber nicht unbedingt alleine. Sie hätten lieber, dass jemand greifbar ist, der Ihnen ein Gefühl der Sicherheit gibt, falls Sie Unterstützung brauchen. Dafür wäre auch Platz in Ihrem Haus oder Ihrer Wohnung, den Sie an eine andere Person vermieten könnten.

Überlegen Sie, welche Teile ihrer Wohnung Sie mit anderen zusammen nutzen könnten oder wo Rückzugsmöglichkeiten für alle Bewohner gegeben sind. Welche Adaptierungen sind notwendig? Mit wem könnten Sie sich vorstellen, in einem Haushalt zu leben? Das könnte etwa eine Studentin oder ein Student sein, die oder der weniger Miete bezahlt und dafür im Haushalt hilft; oder eine Pflegekraft in einem eigenen Zimmer; vielleicht aber auch jemand aus dem Freundeskreis, so dass Sie sich gegenseitig unterstützen können.

> *Ich habe auch daran gedacht, wie es sein würde, wenn ein Fremder, zum Beispiel eine 24-Stunden-Pflege hier wohnen würde – dann müsste man sich um das richtige Ausmaß an Privatsphäre kümmern.*
> *Zitat Frau S., 77 Jahre*

> *Wenn man sich eine Pflegeperson teilt, könnte man das Gästezimmer dazu verwenden. Wenn Jung und Alt zusammenwohnen hat das Vor- und Nachteile, mit Gleichaltrigen ist man in derselben Situation und benötigt gleichzeitig eine Pflegeperson, deren Kosten man sich auch teilt.*
> *Zitat Frau G, 72 Jahre*

AUFLÖSUNG

TYP C Sie sind ein kommunikativer Mensch und haben gerne Leben um sich. Wenn ein gewisser Privatraum für Sie gewährleistet ist, können Sie sich auch vorstellen, Neben- oder Wohnräume mit anderen in Gemeinschaft zu bewohnen. Gemeinsame Aktivitäten wie zum Beispiel gemeinsam kochen oder auf Kinder aufpassen finden Sie anregend, dafür können Sie auch auf Unterstützung bauen, wenn Sie sie brauchen. Sie möchten sich gerne aktiv einbringen.

Für Sie wäre ein Wohnprojekt geeignet, das entweder gleichgesinnte Seniorinnen und Senioren, oder aber verschiedene Generationen zusammenbringt. Sie haben Unterstützungsangebote direkt vor Ort und eine erweiterte Familie um sich. Es gibt viele Abstufungen im Umfang der Gemeinschaftlichkeit. Überlegen Sie, wie weit das Zusammenleben gehen soll. Erkundigen Sie sich, welche Projekte in ihre Nähe geplant sind oder gründen Sie selbst mit Gleichgesinnten ein Projekt, das Ihren Ansprüchen entspricht.

> *Der Sinn für mich, an einem gemeinsamen Wohnprojekt teilzunehmen, ist die räumliche Nähe, Kontaktmöglichkeit, Vertrauen auf Menschen. Was dann möglich ist: Gemeinsamkeit, gegenseitige Anregungen, Unterstützung, neue Aufgaben, vielleicht neue Kontakte. Also ein normales Leben trotz Einschränkungen.*
>
> Zitat Frau I., 68 Jahre

> *Eine Alters-WG hat auch eine gewisse Qualität. Es gibt einem ein Zugehörigkeitsgefühl im Alter: Da gehöre ich dazu, da habe ich eine gewisse Geborgenheit.*
>
> Zitat Frau M., 75 Jahre

AUFLÖSUNG

TYP D Sie haben sich verdient, sich nicht mehr um alles kümmern zu müssen. Deshalb genießen Sie es, wenn Ihnen gewisse Dinge abgenommen werden. Zum Beispiel setzen Sie sich gerne an einen gedeckten Tisch oder überlassen das Putzen anderen. Gemeinsame Aktivitäten werden in ihrem Umfeld angeboten und Sie wählen aus, was Sie davon wahrnehmen möchten. Einem steigenden Bedarf an Pflege oder Unterstützung kann flexibel entsprochen werden. Für Sie wäre eine Seniorenresidenz oder betreutes Wohnen ideal. Hier können Sie aus verschiedenen Angeboten wählen, ohne selbst zu viel organisieren zu müssen. Sie sind umsorgt und haben jemanden um sich, wenn Sie es möchten. Erkundigen Sie sich, welche Möglichkeiten es in Ihrer Nähe gibt und ob man sich dafür frühzeitig anmelden muss. Auch der finanzielle Rahmen spielt eine Rolle.

> *Ich hätte mir früher, als meine Mutter im Altersheim in K*** war – das war 2003 – vorstellen können, dass ich da irgendwann einmal, wenn ich alt bin, auch reingehe. Weil das für mich damals recht positiv besetzt war, wie das Leben dort war; auch die Pflegerinnen und das ganze Drumherum.*
>
> *Zitat Frau R., 72 Jahre*

Serviceteil

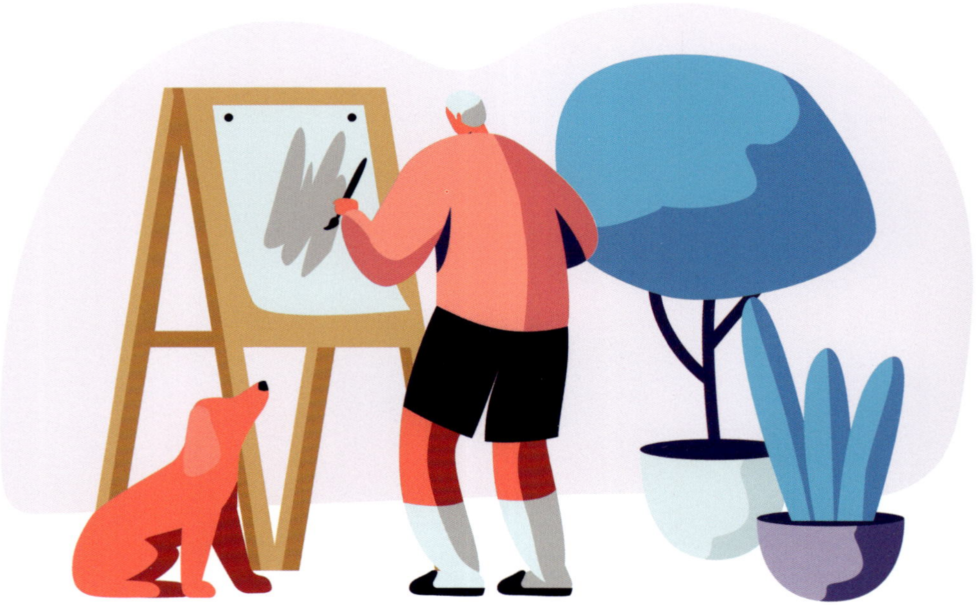

SERVICETEIL

ABTEILUNGEN DER SALZBURGER LANDESREGIERUNG

Die Sozialabteilung des Landes bietet Menschen, die sich in einer persönlichen, sozialen oder finanziellen Notlage befinden, Informationen und Beratung sowie konkrete Hilfsmaßnahmen an. Dabei unterstützen in den Bezirken die Gruppen Soziales der Bezirksverwaltungsbehörden und in der Stadt Salzburg das Sozialamt des Magistrats.

> E-Mail: soziales@salzburg.gv.at
> Telefon: +43 662 8042-3543
> Website: www.salzburg.gv.at/soziales

Wenn Menschen Pflege benötigen, unterstützt das Land Salzburg die Betroffenen mit Geld- und Dienstleistungen. Es kann aus verschiedenen Angeboten ausgewählt werden, um sowohl den Bedürfnissen der Betroffenen, als auch denen ihrer Angehörigen gerecht zu werden.

Unterstützend bietet die Pflegeberatung des Landes Information, Beratung und Unterstützung in allen Fragen rund um das Thema Pflege (Zuschüsse, Förderungen, Hilfsmittel, Entlastungsangebote für pflegende Angehörige).

Welche Formen von Unterstützungsmaßnahmen im Alltag gibt es?

- Haushaltshilfe
- Essensdienste
- Hilfsmittel
- Kurzzeitpflege/Hauskrankenpflege/Tagesbetreuung
- Pflegende Angehörige
- 24-Stunden-Betreuung
- Hauskrankenpflege
- Pflegende Angehörige

> E-Mail: pflegeberatung@salzburg.gv.at
> Telefon: +43 662 8042-3574
> Website: www.salzburg.gv.at/pflegeberatung

Pflegeberatung in den Bezirken

Zentralraum
Salzburg, Fanny-von-Lehnert-Straße 1, Telefon: +43 662 8042-3533
Mo–Fr: 8–12 Uhr und nach Vereinbarung

Lungau, Pongau
Tamsweg, Kapuzinerplatz 1, Telefon: + 43 662 8042-3696
Mo, Di, Do: 8–12 Uhr und nach Vereinbarung

Pinzgau
Zell am See, Schillerstraße 8a, Telefon + 43 662 8042-3033
Mo–Do: 8–12 Uhr und nach Vereinbarung

Kostenlose Broschüren zu den Themen Soziales und Pflege:

E-Mail   www.salzburg.gv.at/publikationen-soziales
Telefon   +43 662 8042-3540
Website: soziales@salzburg.gv.at

Das Land Salzburg finanziert Sanierungsmaßnahmen in Wohnungen und Häusern aus Mitteln der Wohnbauförderung, etwa dann, wenn Bedarf an altersgerechter oder barrierefreier Ausstattung besteht.

Was sind altersgerechte Maßnahmen?

- Schaffung eines barrierefreien Zugangs
- Errichtung eines Treppenliftes
- Handläufe
- Schwellenentfernung
- Türenverbreiterung
- Altersgerechte Gestaltung des Sanitärbereichs wie Einstiegshilfen in die Badewanne, bodengleiche Dusche, Haltegriffe in der Badewanne und/oder Dusche, höhenverstellbare Waschbecken, Grundrissänderung, sofern dies für die Errichtung der Barrierefreiheit des Bades erforderlich ist

Weitere Informationen zur Sanierungsförderung:

Website: www.salzburg.gv.at/sanierungsfoerderung

Mieterinnen und Mietern von geförderten Objekten, bei denen die Baukosten mit Wohnbauförderung finanziert wurden, kann eine allgemeine Wohnbeihilfe gewährt werden.
Für nicht geförderte Mietwohnungen gibt es die Möglichkeit einer erweiterten Wohnbeihilfe. Voraussetzung dafür ist ein schriftlicher Mietvertrag. Der vereinbarte Hauptmietzins (Nettomiete) darf den für das Bundesland Salzburg festgesetzten Richtwertmietzins (ab 1. April 2017: € 7,71/Quadratmeter) nicht übersteigen.

Weitere Informationen zur Wohnbeihilfe:

Website: www.salzburg.gv.at/wohnbeihilfe

SENIORENBETREUUNG DER STADT SALZBURG

Auskünfte, Beratung und Anmeldung:

Adresse: Salzburg, Hubert-Sattler-Gasse 7a Innenhof
Barrierefreier Zugang über Hubert-Sattler-Gasse 5 oder Faberstraße 11
E-Mail: seniorenbetreuung@stadt-salzburg.at
Telefon: +43 662 8072-3255 oder +43 662 8072-3242
Website: www.stadt-salzburg.at/senioren

SERVICETEIL

WEITERE INFORMATIONEN UND EMPFEHLUNGEN

Ausstellung www.neueswohnen50plus.ch: „Ich wohne bis ich 100 bin"
Bayerische Plattform: www.wohnen-alter-bayern.de
Caritas: www.caritas-salzburg.at
Diakonie: www.diakoniewerk.at
Hilfswerk: www.hilfswerk.at/salzburg/
Rotes Kreuz: www.roteskreuz.at/salzburg
Volkshilfe: www.volkshilfe-salzburg.at/cms/cms.php

SENIORINNEN- UND SENIORENORGANISATIONEN

Österreichischer Pensionistenverband, Landesverband Salzburg,
Salzburg, Alpenstraße 112, Telefon: +43 662 875 060,
E-Mail: salzburg@pvoe.at

Österreichischer Seniorenbund, Salzburg, Merianstraße,
Telefon: +43 662 875685, E-Mail: office@seniorenbund.com,
Website: www.seniorenbund.at

ÖGB – Landespensionisten, Salzburg, Markus-Sittikus-Straße 10,
Telefon: +43 662 881646, E-Mail: salzburg@oegb.at,
Website: www.oegb.at

GPlus – Die Grünen SeniorInnen, Salzburg, Glockengasse 6,
Telefon +43 662 876 337-0, E-Mail: gplus.salzburg@gruene.at

Salzburger Seniorenring, Salzburg, Ginzkeyplatz 10,
Telefon +43 662 628 120, E-Mail: salzburger.seniorenring@fpoe.at

PROJEKTE

- Die Initiative „Gemeinsam Wohnen" informiert über selbst organisierte gemeinschaftliche Wohnformen und unterstützt bei der Suche nach Gleichgesinnten. Website: www.gemeinsamwohnen.at
- Rund 65 Erwachsene mit 35 Kindern haben das Gebäude in Zusammenarbeit mit dem Architekturbüro einszueins und dem Bauträger

QUELLENANGABEN

Schwarzatal selbst geplant, gebaut und verwalten es nun gemeinsam. Website: www.wohnprojekt.wien
- Das Zukunftsprojekt in der Anton-Schall-Gasse in Wien Floridsdorf bietet Wohnen für alle Generationen in grüner Umgebung. Eine Vielfalt an Mietwohnungen und speziellen Angeboten für gemeinschaftliches Wohnen. Website: www.generationenwohnen21.at

LITERATUR

Alder Michael: Das Haus als Typ, Birkhäuser Verlag 2006

Aeschbach Silvia: Glück ist deine Entscheidung – Mein Jahr bei den Ältesten und was ich von Ihnen gelernt habe; mvg verlag 2019

Frohn Lisa: Ab ins Wohnprojekt – Wohnträume werden Wirklichkeit, oekom Verlag 2018

Hollwich Matthias mit Bruce mau Design: Älter werden, Jung bleiben – Smart planen, zufrieden leben, Spaß haben; Edel Books 2017

Klien Isabella: Der Organisationskompass in Coaching und Beratung; Beltz-Verlag 2019

Kolland Franz, Rohner Rebekka, Hopf Stefan, Gallistl Vera: Wohnmonitor Alter 2018; Wohnbedürfnisse und Wohnvorstellungen im Dritten und Vierten Lebensalter in Österreich; Studien-Verlag

Riedmann Andrea: Mensch sein … heißt wohnen – Ambulant begleitetes Wohnen als Wohnform, die Menschsein ermöglicht; Diplomarbeit Uni Innsbruck 2003

Rühm Bettina: Unbeschwert wohnen im Alter – Neue Lebensformen und Architekturkonzepte; Deutsche Verlags-Anstalt 2013

Scherzer Ulrike, Socher Juliana: Altweiberwohnen – Gespräche und Fotografien über das Wohnen im Alter; Residenz-Verlag 2016

QUELLENANGABEN

WEBLINKS

Gruber Elisabeth: Im Ruhestand aufs Land? Ruhestandsmigration und deren Bedeutung für ländliche Räume in Österreich
https://books.google.at/books?id=Yz9BDwAAQBA-J&pg=PA1&dq=Elisabeth+Gruber+Alterswanderung&hl=-de&sa=X&ved=0ahUKEwjF1oWYkKLiAhWPlIsKHZaeCdI-Q6AEIKDAA#v=onepage&q=Elisabeth%20Gruber%20Alterswanderung&f=false

abgerufen am 17.05.2019

Hasse Jürgen: Essay für „Aus Politik und Zeitgeschichte"/bpb.de
Was bedeutet es, zu wohnen?
http://www.bpb.de/apuz/270878/was-bedeutet-es-zu-wohnen-essay?p=all

abgerufen am 17.05.2019

orf.at: 947.000 Menschen pflegen Angehörige
https://oesterreich.orf.at/stories/2930532/

abgerufen am 17.05.2019

Salzburger Nachrichten: Den Pensionsschock mit Leidenschaft(en) bekämpfen
https://www.sn.at/panorama/oesterreich/den-pensions-schock-mit-leidenschaften-bekaempfen-69197974

abgerufen am 17.05.2019

Weltzien Dörte: Neue Konzeptionen für das Wohnen im Alter – Handlungsspielräume und Wirkungsgefüge
https://books.google.at/books?id=bhofBgAAQBA-J&pg=PA107&dq=neue+konzeptionen+für+das+leben+im+alter&hl=de&sa=X&ved=0ahUKEwjmqMWNkaLiAhXipIsKHdg8DPw-Q6AEIKDAA#v=onepage&q=neue%20konzeptionen%20für%20das%20leben%20im%20alter&f=false

abgerufen am 17.05.2019

QUELLENANGABEN

STUDIEN

Brandstätter Claudia: Wohnen im besten Alter – Die Best-Ager-Studie; Raiffeisen und bmm GmbH Stand 2018

Empirica AG: Nachfragepotenzial wohnen im Alter; Stand 2014

Marketagent.com: Golden-Ager-Report, Stand 2019

Steiner Roald, Hofbauer Reinhard (Hg.): Salzburg 2025 – Szenarien regionaler Wirtschaftsentwicklung und gesellschaftlicher Rahmenbedingungen; Stand 2016

IMPRESSUM

Medieninhaber: Land Salzburg

Herausgeber: Abteilung 2 – Kultur, Bildung und Gesellschaft, Referat 2/06 Jugend, Generationen, Integration, vertreten durch Mag. Wolfgang Schick

Idee, Konzeption und Text: Sonja Schiff MA, Dipl.-Ing.[in] Ursula Spannberger

Redaktion: Mag.[a] Andrea Stark, Jacqueline Heilig-Hofbauer

Gestaltung: Bernhard Helminger, Caroline van der Wielen

Korrektorat: Anja Gosch

Verlag: Colorama Verlagsgesellschaft mbH, Gabelsberger Straße 25, 5020 Salzburg, Tel. +43 (0)662 840 899-0, E-Mail: office@colorama.at

Herstellung: Colordruck LaLinea GmbH, Kalkofenweg 6, 5400 Hallein

ISBN: 978-3-903011-53-3

Fotos/Illustrationen: Neumayr/Christian Leopold (Seite 3), Renata Eisen-Schatz (Seiten 4/5), alle weiteren: Adobe Stock Photos.